Andreas Ludwig

Domänenspezifische Modellierung als Methode der Soft

GRIN - Verlag für akademische Texte

Der GRIN Verlag mit Sitz in München hat sich seit der Gründung im Jahr 1998 auf die Veröffentlichung akademischer Texte spezialisiert.

Die Verlagswebseite www.grin.com ist für Studenten, Hochschullehrer und andere Akademiker die ideale Plattform, ihre Fachtexte, Studienarbeiten, Abschlussarbeiten oder Dissertationen einem breiten Publikum zu präsentieren.

Andreas Ludwig

Domänenspezifische Modellierung als Methode der Softwareentwicklung

GRIN Verlag

Bibliografische Information der Deutschen Nationalbibliothek: Die Deutsche Bibliothek
verzeichnet diese Publikation in der Deutschen Nationalbibliografie; detaillierte bibliografische Daten sind im Internet über http://dnb.d-nb.de/ abrufbar.

1. Auflage 2006
Copyright © 2006 GRIN Verlag
http://www.grin.com/
Druck und Bindung: Books on Demand GmbH, Norderstedt Germany
ISBN 978-3-638-67063-0

Technische Universität Ilmenau

Fakultät für Informatik und Automatisierung

Fachgebiet Biosignalverarbeitung

Projektarbeit Informatik

im WS 2005/2006

Thema

Domänenspezifische Modellierung

Verfasser: Andreas Ludwig

Inhaltsverzeichnis

Abkürzungsverzeichnis

CASE	Computer-Aided Software-Engineering
DDD	Domain-Driven Development
DSL	Domain-Specific Modeling Language
DSM	Domain-Specific Modeling
GOPPRR	Graph, Object, Property, Port, Relationship, Role
HTML	Hypertext Markup Language
MDSD	Model Driven Software-Development
UML	Unified Modeling Language
XML	Extensible Markup Language

Abbildungsverzeichnis

1 Einleitung

Die Modellierung ist eine beliebte und bewährte Ingenieurtechnik. Architekten z. B. bauen Modelle von Hochhäusern, um sie für den Kunden zu visualisieren. Wissenschaftler erforschen mithilfe von mathematischen oder physikalischen Modellen die Folgen von Naturkatastrophen. Die Automobilindustrie, um ein weiteres Beispiel zu nennen, testet Modelle im Windkanal. Die moderne Welt ist ohne Modellierung nicht mehr vorstellbar.

In dieser Arbeit soll die Modellierung als Methode der Softwareentwicklung näher betrachtet werden. Um hochwertige Software-Anwendungen zu erstellen, müssen die Prozesse des betreffenden Systems analysiert, modelliert und im Ergebnis optimiert werden. In den letzten Jahren haben Modellierungssprachen wie z.B. Unified Modeling Language (UML) bei der Modellgetriebenen Softwareentwicklung [Model Driven Software-Development - MDSD] an großer Bedeutung gewonnen. UML ist eine domänenneutrale und branchenunabhängige Modellierungssprache, die in den 90er Jahren des 20. Jahrhunderts zum Marktführer avancierte. Doch ist dieses Werkzeug noch zeitgemäß?

UML sowie andere domänenneutrale Modellierungswerkzeuge sind sehr allgemein gehalten und haben keinen Bezug zu einer Domäne. Eine Domäne, abgeleitet von dem lateinischen Wort dominium, bezeichnet ein wissenschaftliches Fachgebiet oder eine bestimmte Branche. Die Modellierung mit domänenneutralen Werkzeugen ist nur für Experten geeignet und gestaltet sich für den Modellierungs-Laien sehr problematisch. Ein Zitat von Maslow besagt folgendes:

„When you only have a hammer, you tend to see every problem as a nail."[1]

Mit anderen Worten, man versucht zu viele verschiedene Aufgabenstellungen bei der Softwareentwicklung mit diesen domänenneutralen Modellierungswerkzeugen zu lösen.

Es entsteht daher ein Bedarf an Werkzeugen, die an eine bestimmte Domäne angepasst sind.

---

[1] Maslow /The Unpublished Papers/

Ein Ansatz ist die Domänenspezifische Modellierung [Domain-Specific Modeling - DSM]. Bei der DSM sind die Modellelemente Objekte der Anwendungsdomäne. Die Modellierung bezieht sich auf die Abstraktionen und die Semantik der Domäne. Der Modellierer kann direkt mit ihren Konzepten arbeiten. Die zu fokussierenden Regeln können als Grenzen der Domäne verstanden werden und lassen sich als Constraints in die Sprache einbinden, um ungültige und unerwünschte Entwurfsmodelle zu vermeiden.[2]

Die DSM soll nicht ausschließlich dazu verwendet werden, Modelle einer Domäne zu generieren, sondern auch fertige Applikationen aus diesen zu erzeugen. Dieser hohe Grad der Automatisierung wird dann durch die Anwendung der domänenspezifischen Modellierungssprache [Domain-Specific Modeling Language - DSL] und des Codegenerators erreicht, wenn nur die Anforderungen einer Domäne erfüllt werden müssen.

2 Grundlagen der DSM

2.1 Der Problem-Lösungs-Prozess

In den Anfängen der Softwareentwicklung sind Problemlösungen mithilfe von komplexer Assemblersprache formuliert und durch einen Compiler (Assembler) in Maschinencode übersetzt worden. Der damit verbundene hohe Programmieraufwand wurde durch die Entwicklung von Programmiersprachen der dritten Generation sichtbar reduziert und führte somit zu einer erheblichen Produktivitätssteigerung. Die Bestrebungen nach einer stärkeren Übereinstimmung zwischen Code und Anwendungsdomäne, um das Abstraktionsniveau beim Programmieren weiter zu erhöhen, konnten durch die objektorientierten Sprachen wie z. B. Java oder C++ erreicht werden. Mit diesen Ansätzen, die Lösungen auf Basis der Implementierungsplattform abbilden und realisieren, konnten Softwareprodukte auf einem höheren Abstraktionsniveau erstellt werden.[3]

Die modellgetriebene Softwareentwicklung (MDSD) führte zu einem Paradigmenwechsel in der Softwareentwicklung. Gemäß dem Leitsatz „Konfigurieren

---

[2] Vgl. Tolvanen, Kelly /Domänenspezifische Modellierung/ 30
[3] Vgl. Tolvanen, Kelly /Domänenspezifische Modellierung/ 30

statt Programmieren" steht bei diesem Ansatz das Modell, somit nicht mehr die Programmierung im Mittelpunkt. Die Visualisierung der Problemlösung mithilfe von Modellen erhöht die Verständlichkeit und wirkt der ansteigenden Komplexität von Projekten entgegen. Weiterhin dienen Modelle als Eingabe für Codegeneratoren, um so eine vollständige Codegenerierung zu ermöglichen.

Viele Modellierungssprachen wie z. B. UML sind codebasiert, d.h. es werden direkte Programmierkonzepte (Klassen, Funktionen) und nicht die Konzepte der Anwendungsdomäne als Modellkonstrukte verwendet. Im Ergebnis erhöht sich das Abstraktionsniveau nicht oder nur gering. Dies führt dazu, dass sich aus den Modellen, die die Implementierung in Code darstellen, nur ein geringer Anteil des fertigen Codes automatisch generieren lässt.

Als Konsequenz daraus muss der Entwickler den erzeugten Code manuell vervollständigen. Setzt man dieses Konstrukt fort, ergibt sich daraus eine redundante Entwicklung. Es entsteht das so genannte Roundtrip-Problem, da das Modell und der daraus generierte Code die gleichen Informationen enthalten müssen.[4]

Ein weiterer wesentlicher Kritikpunkt besteht darin, dass UML sowie die anderen vorgestellten Ansätze (siehe Abb. 1) keinen direkten Bezug zur Anwendungsdomäne besitzen, so dass das Problem weiterhin zuerst in der Domäne gelöst werden muss. Wird durch den Einsatz von UML-Modellen kein adäquater Code generiert, so besteht die Notwendigkeit, dass Problem an drei Stellen zu lösen: in der Domänen-, in der UML- und der Codelösung.[5]

Die Ausführungen haben gezeigt, dass UML zu generisch, aber für Dokumentationszwecke gut geeignet erscheint.[6]

Eine nennenswerte Steigerung der Effizienz in der Softwareentwicklung kann also nur durch stärkere Konzentration auf die Anwendungsdomäne sowie die vollständige automatisierte Codegenerierung erfolgen.

---

[4] Vgl. Stahl, Völter /Modellgetriebene Softwareentwicklung/ 12
[5] Vgl. Kelly /Modellierung mit MetaEdit+/ 1
[6] Vgl. Vgl. Greenfield, Short /Software Factories/ 118

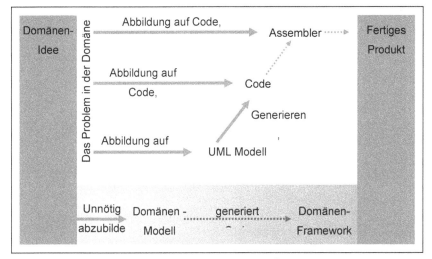

Abb. 1: Der Weg von der Domänen-Idee zum fertigen Produkt[7]

Die domänengetriebene Entwicklung [Domain-Driven Development – DDD] orientiert sich im Gegensatz zu den bereits vorgestellten Ansätzen stärker an der Domäne und erreicht eine Erhöhung des Abstraktionsniveau beim Programmieren.

Es sei nochmals festgehalten, Modelle dienen bei der domänenspezifischen Modellierung zur Visualisierung der Anwendungsdomäne und nicht der Programmierwelt.

Zur Spezifikation einer Lösung werden Domänenmodelle direkt aus Konzepten der Problemdomäne entwickelt. Resultierend aus der Tatsache, dass jede Domäne ihre eigenen speziellen Konzepte und Regeln besitzt, orientiert sich die Modellierungssprache an der Semantik und den Abstraktionen der Problemdomäne. Durch die Verwendung der Terminologie der Anwendungsdomäne wird sichergestellt, dass die Spezifikation bzw. das Modell fehlerfrei und vollständig ist.[8]

Da sowohl die Modellierungssprache als auch die Generatoren speziell an eine Domäne angepasst sind, kann das fertige Endprodukt automatisch aus der „High-Level-Spezifikation" generiert werden.[9]

---

[7] Vgl. Kelly /Modellierung mit MetaEdit+/ 1
[8] Vgl. Tolvanen, Kelly /Domänenspezifische Modellierung/ 31
[9] Vgl. Tolvanen, Kelly /Domänenspezifische Modellierung - Praxisbeispiele/ 22

Abbildung 2 zeigt die Vorgehensweise der DSM. Im Idealfall ist demzufolge für die Definition einer domänenspezifischen Modellierungssprache und des Codegenerators nur ein Domänenexperte oder ein Experten-Team erforderlich. Der Entwickler erstellt auf der Grundlage der Terminologie der Anwendungsdomäne das Modell, aus dem automatisch der Code generiert wird.[10]

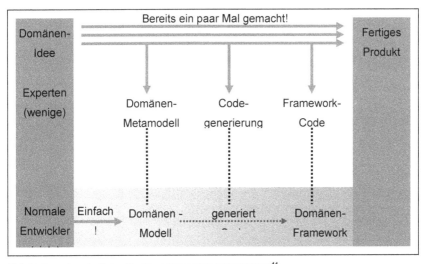

Abb. 2: Experten als Motor für die anderen Entwickler nutzen[11]

2.2 Architektur und Entwurf der DSM-Umgebung

Mit dem Einsatz von Metamodellierungswerkzeugen, auch genannt MetaCASE-Tools, wird der Entwurf einer DSM-Umgebung ermöglicht. Das schließt die automatische Generierung von unterstützenden Werkzeugen [Computer-Aided Software-Engineering (CASE) –Tools], die auf Grundlage der domänenspezifischen Sprache und Generatoren erstellt werden, mit ein. Die Implementierung von CASE-Tools, die Entwickler bei der Verwendung von domänenspezifischen Modellierungssprachen und Generatoren unterstützt, stellte einen entscheidenden Faktor für den Durchbruch der DSM dar.

---

[10] Vgl. Kelly /Modellierung mit MetaEdit+/ 2
[11] Vgl. Kelly /Modellierung mit MetaEdit+/ 2

Dies führt einerseits zu einer Reduktion der Produkteinführungszeiten und Senkung der Entwicklungskosten und andererseits zu einer Erhöhung der Zuverlässigkeit. Somit wird durch den Einsatz von DSM eine Verbesserung der Produktivität, Qualität und Verständlichkeit erreicht.[12]

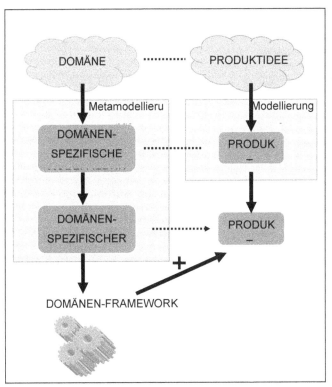

Abb. 3: Architektur einer DSM-Umgebung[13]

Der Aufbau einer solchen DSM-Umgebung wird in der Abbildung 3 nochmals verdeutlicht. Die Bausteine, aus denen die Enwicklungsumgebung generiert wird, sind im linken Teil dargestellt. Demgegenüber sind die Komponenten abgebildet, die der Modellierer für die Produkterstellung verwendet.[14]

---

[12] Vgl. Kelly /Modellierung mit MetaEdit+/ 2
[13] Vgl. Tolvanen, Kelly /Domänenspezifische Modellierung/ 32
[14] Vgl. Tolvanen, Kelly /Domänenspezifische Modellierung/ 32

Bei der Definition einer DSM-Umgebung empfiehlt sich eine inkrementelle Vorgehensweise. Die entworfene Modellierungssprache (oder Teile davon) kann sofort in konkreten Modellen, von z.b. potenziellen Benutzern bzw. Modellierern getestet werden. Das hat den Vorteil, dass auf dieser Grundlage frühzeitig Verbesserungsmöglichkeiten umgesetzt und das Verständnis für die Domäne erhöht wird.

Nachdem hier nun ein Überblick über die Architektur einer domänenspezifischen Modellierungsumgebung gegeben wurde, soll nun der Entwurf einer DSL, der Generatoren sowie des Domänen-Framework detaillierter erläutert werden.

Die Definition einer Modellierungssprache scheint auf den ersten Blick komplex und aufwendig zu sein. Doch begrenzt man den Geltungsbereich auf nur eine Domäne in einem Unternehmen, ist die Aufgabe lösbar.[15] Die Konzeption einer DSL gliedert sich in drei Phasen:[16]

die Definition der Domänenkonzepte
die Festlegung der Domänenregeln
und die Erstellung von Notationen.

Im Folgenden werden diese zentralen Aspekte näher erläutert.

Definition der Domänenkonzepte
Der Zweck einer DSL ist es, die Terminologie einer Anwendungsdomäne zu formalisieren. Ein besonderer Fokus liegt hierbei auf der Semantik einer DSL. Sie muss für den Anwender bzw. Modellierer klar verständlich oder gut dokumentiert sein.

Ein Ansatz zur Identifikation der Konzepte des Anwendungsbereiches besteht darin auf die Fachkompetenz von einem oder mehreren Domänenexperten zurückzugreifen. Durch ihre langjährigen Erfahrungen in der Produktentwicklung sind diese mit der Semantik und der Architektur (Systembeschreibung, Dienste der Komponenten) der Domäne vertraut. Folglich können sie einfacher die erforderlichen Konzepte definieren und diese als Objekte der Modellierungssprache mit

---

[15] Vgl. Tolvanen, Kelly /Domänenspezifische Modellierung - Praxisbeispiele/ 22
[16] Vgl. Kelly /Modellierung mit MetaEdit+/ 4

11

Objekteigenschaften und -verbindungen darstellen. Das Ziel ist es, dass die identifizierten Konzepte der Semantik der Domäne entsprechen.[17]

Festlegung der Domänenregeln
Regeln werden genau wie die Domänenkonzepte direkt in die DSL eingebunden. Durch die Spezifikation von Regeln wird einerseits die Verwendung der Modellierungssprache eingeschränkt, indem sie die zulässigen Verbindungen zwischen den Konzepten sowie deren Wiederverwendung aber auch die Anordnung von Modellen festlegen. Andererseits wird die Richtigkeit des Modells sichergestellt, da Fehler von Entwicklern frühzeitig verhindert werden.[18]

Erstellung von Notationen
Im letzten Schritt werden unter Verwendung von DSM-Werkzeugen für die Konzepte eigene Notationen entworfen. Durch die visuelle Repräsentation in Form von Symbolen wird die Wartbarkeit und Erzeugung von Modellen erleichtert sowie deren Verständlichkeit erhöht. Vorrausetzung für die Verwendung von Notationen ist deren Konsistenz, d.h. sie müssen eindeutig abgebildet sein, so dass eine Verwechslung zwischen den erstellten Notationen verhindert wird.[19]

Nachdem hier auf den theoretischen Entwurf einer DSL eingegangen wurde, erfolgt nun eine detailliertere Vorstellung der letzten zwei Komponenten einer DSM-Umgebung.

Definition des Domänen-Framework
Das Domänen-Framework trägt durch die Bereitstellung von selbst definiertem Framework-Hilfscode oder einzelnen Komponenten (z. B. Templates zur Bereitstellung der Benutzeroberfläche), in Form einer Komponenten-Bibliothek, zur Vereinfachung der Codegenerierung bei. Es stellt die Schnittstelle zwischen dem erzeugten Code und der darunterliegenden Plattform bereit. Die Erstellung eines Domänen-Framework ist zwar nicht zwingend notwendig, z. B. wenn die Dienste der

---

[17] Vgl. Tolvanen, Kelly /Domänenspezifische Modellierung/ 32
[18] Vgl. Tolvanen, Kelly /Domänenspezifische Modellierung/ 32
[19] Vgl. Tolvanen, Kelly /Domänenspezifische Modellierung - Praxisbeispiele/ 27

bestehenden Komponente ausreichend sind, aber hilfreich, da Komponenten aus früheren Enwicklungen verwendet werden können.[20]

Entwicklung des Codegenerators

Durch die Definition eines Codegenerators werden die erstellten Modelle in Code überführt. Die Hauptaufgabe ist es, Regeln zu formulieren, mit denen spezifiziert wird, wie die Informationen aus den Domänenmodellen ausgelesen und in Quellcode transformiert werden. Das zentrale Anliegen besteht dabei immer in der Generierung von vollständig ausführbarem Code.[21]

Das Domänen-Framework erleichtert diese Aufgabe z. B. bei der Implementierung vordefinierter Komponenten, wodurch der Abstraktionsgrad auf der Codeseite angehoben wird.

Resultierend aus der Tatsache, dass domänenspezifische Modelle unabhängig vom Quellcode sind, kann durch die Verwendung unterschiedliche Generatoren Code für verschiedene Plattformen generiert werden.[22]

---

[20] Vgl. Kelly /Modellierung mit MetaEdit+/ 4
[21] Vgl. Kelly /Modellierung mit MetaEdit+/ 4
[22] Vgl. Tolvanen, Kelly /Domänenspezifische Modellierung/ 33

3 Domänenspezifische Modellierung mit MetaEdit+

3.1 Theoretische Grundlagen

Das finnische Unternehmen MetaCase[23] mit seinem domänenspezifischen Modellierungswerkzeug MetaEdit+ gehört weltweit zu den führenden Anbietern von domänenspezifischer Modellierungssoftware. MetaEdit+ ist ein so genanntes MetaCASE-Tool, welches sich in einigen Aspekten von CASE-Tools unterscheidet. CASE-Tools sollen die Entstehung und Pflege von Software vereinfachen und beschleunigen.

Rational Rose[24] ist eines der bekanntesten CASE-Tools, die es ermöglichen, objektorientierte Modelle mittels UML zu erstellen und zu visualisieren.

Die Unterschiede zwischen CASE-Tools und MetaCase-Tools sollen in der folgenden Abbildung charakterisiert werden.

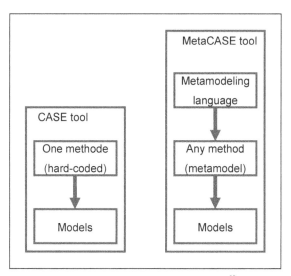

Abb. 4: Unterschiede zwischen CASE-Tools und MetaCASE-Tools[25]

---

[23] www.metacase.com Abruf: 2006-06-26.
[24] www.rational.com Abruf: 2006-06-26.
[25] Vgl. MetaCase /MetaCase Technology/ 3

Bei CASE-Tools ist eine spezielle Methode für die Softwareentwicklung implementiert. Das kann dazu führen, dass die Modellierungswerkzeuge die jeweilige Domäne nicht ausreichend spezifizieren, da die ausgewählte Methode keine adäquaten Notationen und Konzepte bereitstellt.[26]

Die MetaCASE-Tools ermöglichen im Gegensatz zu CASE-Tools eine flexible und einfache Erstellung von domänenspezifischen Werkzeugen mit relevanten Methoden. Sie sind gekennzeichnet durch eine 3-Ebenen Architektur (siehe Abb. 4). Die Basisebene bei MetaCASE-Tools beinhaltet die konkreten Modelle. In der mittleren Ebene werden die domänenspezifischen Regeln, Konzepte und Notationen der Methode in einem Metamodell formalisiert und kodifiziert. Dazu wird eine Metamodellierungssprache verwendet, die sich in der dritten Ebene befindet. Der Hauptunterschied zwischen CASE-Tools und MetaCASE-Tools besteht demzufolge darin, dass bei MetaCASE-Tools die Modellierungsmethode frei definiert werden kann.[27]

Im Vergleich zu CASE-Tools hat MetaEdit+ den Vorteil, durch die Definition einer Modellierungsmethode ein Metamodell zu generieren, welches automatisch ein domänenspezifisches Modellierungswerkzeug erzeugt.

Ein Experte aus der Domäne definiert die domänenspezifische Modellierungssprache sowie den Codegenerator. Dies erfolgt mithilfe einer Metamodellierungssprache und den dazugehörigen Werkzeugen **(Method Tools)**. Aus der Definition der Modellierungsmethode wird automatisch ein domänenspezifisches Modellierungswerkzeug generiert, welches für das Entwerfen von Modellen genutzt wird.[28]

---

[26] Vgl. MetaCase /MetaCase Technology/ 3
[27] Vgl. MetaCase /MetaCase Technology/ 3
[28] Vgl. Tolvanen, Kelly /Domänenspezifische Modellierung/ 30

3.2 Architektur

Die Architektur von MetaEdit+ wird in der folgenden Abbildung dargestellt.

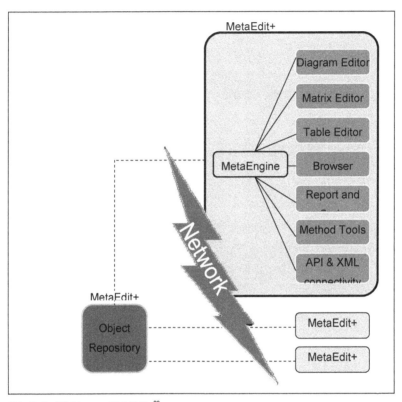

Abb. 5: Architektur von MetaEdit+[29]

Das zentrale Element der Architektur von MetaEdit+ bildet das Object Repository, eine Datenbank, die verschiedene Projekte mit unterschiedlichen Methoden und Modellen enthalten kann. Um den Zugriff auf Projekte im Object Repository sicherzustellen, beinhaltet der MetaEdit-Client die MetaEngine. Die MetaEngine nimmt eine Schlüsselposition ein. Sie bildet die Schnittstelle zwischen dem Object

---

[29] Vgl. MetaCase /MetaEdit+ User's Guide/ 28

Repository und den verschiedenen Modulen **(Diagram Editor, Matrixeditor, Method Tools usw.)** des MetaEdit-Client.

Diese Module können nach Modellbearbeitungswerkzeugen **(Diagram Editor, Matrix Editor, Table Editor)**, Werkzeugen für die Modellsuche- und abfrage **(Browser, Report and Code Generation)** und Methodenentwurfswerkzeugen **(Method Tools)** klassifiziert werden.[30]

Die Methodenentwurfswerkzeuge, zu denen:

das Object Tool,
das Graph Tool,
das Relationship Tool,
das Property Tool,
das Role Tool,
das Port Tool

und der Symboleditor gehören, verwendet man zur Metamodellierung in MetaEdit+.

In den weiteren Ausführungen werden die Methodenentwurfswerkzeuge und die Modellbearbeitungswerkzeuge in den Fokus dieser Arbeit gestellt.

3.3 Die Entwicklung einer DSM-Umgebung

3.3.1 Definition der Domänenkonzepte

Eine visuelle domänenspezifische Modellierungssprache in MetaEdit+ wird mithilfe der Metamodellierungssprache GOPPRR[31] und mit Domänenexperten entworfen. GOPPRR steht für die Metatypen Graph, Object, Property, Port, Relationship und Role.

Die Bausteine der GOPPRR lassen sich folgendermaßen beschreiben:

---

[30] Vgl. Isazadeh, Lamb /MetaCase Tools/ 34
[31] Vgl. MetaCase /MetaEdit+ User's Guide/ 169

Ein Graph stellt eine Aggregation von Objekten und deren Beziehungen dar, ähnlich den UML-Klassendiagrammen.

Ein Object ist ein Grundelement der Modellierungssprache und wird aus der jeweiligen Anwendungsdomäne implementiert.

Mit Relationship können mehrere Objects verbunden werden, dies wären z. B. Übergänge in Ablaufsteuerungen.

Role spezifiziert, wie ein Object an Beziehungen beteiligt ist, und Port ist ein Teil des Objects, an der die Role ankoppeln kann.

Alle beschriebenen Metatypen können Properties (Attribute) besitzen, wie einen Namen, einen Datentyp oder eine Beschreibung.

Die folgende Abbildung fasst die gesamten Konzepte der Metamodellierungssprache nochmals zusammen.

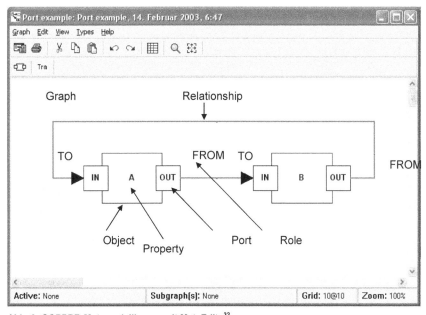

Abb. 6: GOPPRR-Metamodellierung mit MetaEdit+[32]

---

[32] Vgl. MetaCase /MetaEdit+ User's Guide/ 173

An der Konzeptdarstellung (Abb. 6) soll beispielhaft eine Diagrammansicht in Graphenform gezeigt werden. Diese enthält zwei Objekte „A" und „B" mit verschiedenen Properties. Die Objekte besitzen einen Port „IN" und „OUT". Beziehungen (Relationships) verbinden die Objekte miteinander, wodurch jedes Objekt einmal in der Beziehung die Rolle „FROM" und einmal „TO" einnimmt.

Da die Werkzeuge (Tools) für das Generieren und Bearbeiten von Objects, Ports, Roles und Relationships nahezu identisch sind, wird stellvertretend nur das Object-Tool (Abb. 7) betrachtet.

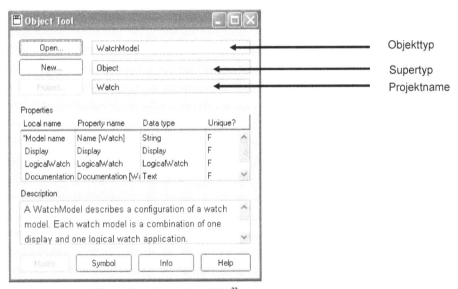

Abb. 7: Object Tool in MetaEdit+ [33]

Veranschaulichend sollen die einzelnen Elemente aus Abbildung 7 beschrieben werden. Mit der Schaltfläche "Open" kann ein vordefinierter Objekttyp geladen werden. Der Name des Objekttyps erscheint im rechten Textfeld neben „Open". Hier ist es das Watchmodel. Darunter wird der Supertyp spezifiziert und neben der Schaltfläche Project sieht man den Namen des Projektes. Weiterhin besteht die Möglichkeit, mit „New" ein neues Objekt zu erschaffen. Unter Properties ist der lokale

---

[33] Vgl. MetaCase /MetaEdit+ Evaluation Tutorial/ 10

Name, der Property-Name und der Datentyp festgelegt, dies erfolgt mit dem Property-Tool (siehe Abb. 8). Die Schaltfläche „Symbol" öffnet den Symbol Editor, welcher eine grafische Gestaltung erlaubt.

Abb. 8: Property Tool in MetaEdit+[34]

Das Property Tool legt den Datentyp fest, welcher die Wertedefinition:

String,
Number,
Boolean,
Text,
Collection,
Non-Property

annehmen kann.

---

[34] Vgl. MetaCase /MetaEdit+ Evaluation Tutorial/ 11

Dazu wird mit „New" ein Supertyp ausgewählt und dann mit Datatype der Datentyp definiert. In diesem Beispiel (Abb. 8) wird die „Time Unit" in einem String (Zeichenkette) ausgegeben.

3.3.2 Festlegung der Domänenregeln

Im Graph Tool werden die semantischen Regeln der Domäne festgelegt. Dies erfolgt über die Schaltflächen „Bindings" und „Constraints", die im Graph Tool implementiert sind. Bindings sind dafür zuständig, dass Beziehungen entstehen, die von Constraints eingeschränkt werden können. Zusammengefasst würden Bindings somit bei Java-Beziehungen die Vererbungsbeziehung definieren und Constraints, als Einschränkung, die Mehrfachvererbung ausschließen.

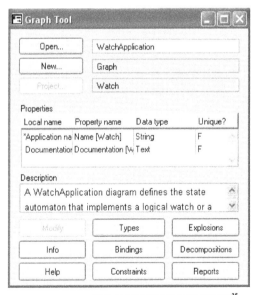

Abb. 9: Graph Tool in MetaEdit+[35]

Wenn die Regeln in der DSL definiert sind, werden alle Entwickler diese Domänenregeln befolgen.

---

[35] Vgl. MetaCase /MetaEdit+ Evaluation Tutorial/ 17

Den „Graph bindings definer" (Abb. 9) erreicht man über die Schaltfläche „Bindings". Er ermöglicht es in die Liste der Relationships eine Beziehung hinzuzufügen, zu löschen oder zu bearbeiten. Einer ausgewählten Beziehung können nun Rollen zugeordnet werden, die bei Bedarf eine Kardinalität besitzen. Alle erzeugten Rollen sind mit einem Objekt verbunden und, wenn nötig, noch mit einem Port von diesem Objekt.

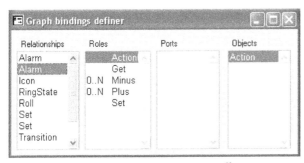

Abb. 10: Bindings Tool in MetaEdit+[36]

Der „Constraints Definer" legt eine Obergrenze für die Anzahl der Beziehungen und Rollen, die ein Objekt besitzen kann, fest. Im ausgewählten Beispiel darf nur die Rolle „From" den Zustand Start verlassen.

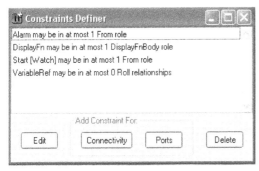

Abb. 11: Constraints Definer in MetaEdit+[37]

---

[36] Vgl. MetaCase /MetaEdit+ Evaluation Tutorial/ 18
[37] Vgl. MetaCase /MetaEdit+ Evaluation Tutorial/ 19

22

3.3.3 Erstellung von Notationen

Eine visuelle domänenspezifische Modellierungssprache in MetaEdit+ benötigt neben den bisher besprochenen Elementen auch so genannte Notationen (Symboldefinitionen). Diese sollten die spezifischen Domänenkonzepte bestmöglich abbilden.

Der Symboleditor kann bei den Tools der Metatypen Object, Relationship, Role und Port über den Button Symbol aufgerufen werden und ermöglicht es, die Metatypen grafisch abzubilden.

Dafür kommen z. B. Text, Rechteck, Kreis, Freihandlinien und Bitmaps zum Einsatz.

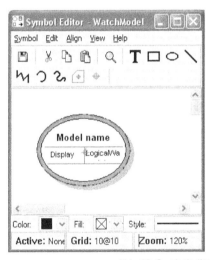

Abb. 12: Symboleditor[38]

Die grafische Umsetzung der Metatypen wird im automatisch generierten domänenspezifischen Modellierungswerkzeug mit seinen Modelleditoren (**Diagrammeditor, Matrixeditor**) verwendet. Darauf wird im nächsten Kapitel näher eingegangen.

---

[38] Vgl. MetaCase /MetaEdit+ Evaluation Tutorial/ 13

3.3.4 Codegenerierung und Erstellen von Reports

Der letzte Abschnitt zum Entwurf einer domänenspezifischen Modellierungssprache behandelt die Definition von Reports sowie die Code-Generierung mittels Codegeneratoren. Codegeneratoren verbergen die Implementierungsaspekte wie Architektur und Programmierdetails vor den Modellierern, damit diese sich auf das Wesentliche ihrer Arbeit konzentrieren können. MetaEdit+ löst diese Problematik mit einer Implementierung des Codegenerators in eigener Skriptsprache in die so genannten Reports (Abb. 13). Mit diesen wird aus den vorgegebenen Modellen ein ausführbarer Code erzeugt (Java, C++, Delphi usw.). Reports können darüber hinaus zu Dokumentations-und Präsentationszwecken in Word-, HTML (Hypertext Markup Language)- oder XML (Extensible Markup Language)-Dateien konvertiert werden.

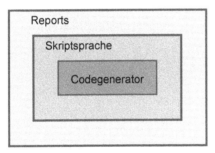

Abb. 13: Systemhierarchie bei der Erstellung von Reports

Über den Button „Reports" im Graph-Tool (Abb. 9) wird der Report Browser (Abb. 14) aufgerufen. Dem Modellierer wird somit die Möglichkeit gegeben, Reports neu zu erstellen, zu speichern und auszuführen. Der Reportbrowser setzt sich aus den vier Bereichen Report-Box, Choice-Box, Concept-Box und Editing Area zusammen, die im Folgenden erläutert werden:

Die Report-Box enthält Reports des im Graph Tool spezifizierten domänenspezifischen Modells. Nach der Auswahl eines Reports aus der Report-Box wird dieser in der Editing Area angezeigt.

24

Ein Report kann entweder manuell in der Editing Area oder mithilfe der Concept- und Choice-Box bearbeitet werden.
In der Concept Box kann man zwischen den Konzepten der Metatypen Graph, Object, Port, Role, Relationship oder verschiedenen Templates (General, Control und External I/O) auswählen, die durch die Choice Box konkretisiert werden.
Die Choice-Box listet die Konzepte der Metatypen oder verschiedene Befehle der Templates auf, die in der Editing Area implementiert werden

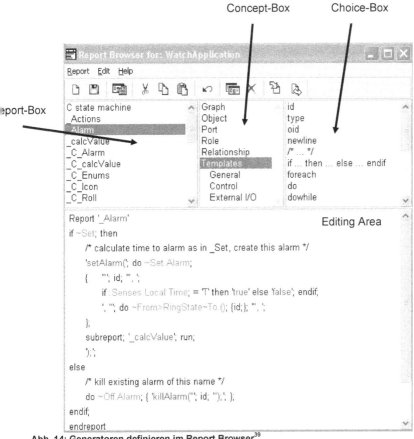

Abb. 14: Generatoren definieren im Report Browser[39]

---

[39] Vgl. MetaCase /MetaEdit+ Evaluation Tutorial/ 34

3.4 Das domänenspezifische Modellierungswerkzeug

Das MetaCASE-Tool Metaedit+ erzeugt automatisch aus der domänenspezifischen Modellierungssprache ein domänenspezifisches Modellierungswerkzeug. Dieses Modellierungswerkzeug beinhaltet verschiedene Werkzeuge. Diese werden in die Gruppe der Browser und die der Modelleditoren eingeteilt. Die Browser dienen dem schnellen Auffinden sowie dem besseren Überblick von Modellen und sollen hier nur kurz erwähnt werden. Ein Beispiel dafür ist in der folgenden Abbildung der Graph Browser, weiterhin gibt es noch den Type- und den Object Browser.

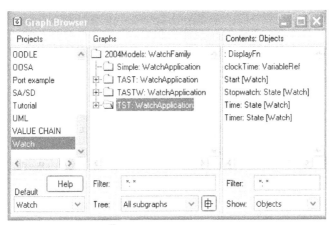

Abb. 15: Graph Browser[40]

Der Schwerpunkt der Betrachtung wird auf den Modelleditoren, dem Diagrammeditor, dem Matrixeditor und dem Tabelleneditor liegen.
Im Diagrammeditor (siehe Abb. 16) werden die domänenspezifischen Modelle als Diagramm bearbeitet. Die Modellierung im Diagrammeditor erfolgt durch die Erzeugung von Objekten und deren Verknüpfung. Der Diagrammeditor setzt sich aus Menüleiste, Symbolleiste, Editierbereich und Statusleiste zusammen. Die Symbolleiste enthält die Symbole von Objekten und Beziehungen, die in der domänenspezifischen Modellierungssprache festgelegt werden. Der Editierbereich

---

[40] Vgl. MetaCase /MetaEdit+ User's Guide/ 52

wird verwendet, um oben genannte Symbolelemente aus der Symbolleiste zu erzeugen und zu bearbeiten.

Symbolleiste   Editierbereich

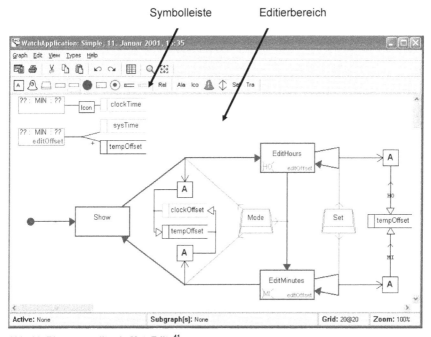

Abb. 16: Diagrammeditor in MetaEdit+[41]

Der Matrixeditor (siehe Abb. 17) erlaubt es, die domänenspezifischen Modelle in einer Matrix darzustellen. Die Objekte des jeweiligen Modells befinden sich auf der horizontalen und vertikalen Achse der Matrix. Die Zellen definieren die Rollen oder Beziehungen zwischen den korrespondierenden Objekten. Der Matrixeditor beinhaltet eine Menüleiste, eine Symbolleiste und eine Matrix.

In der Matrix können binäre Beziehungen nur restriktiv dargestellt werden. Dies resultiert aus der Zwei-Dimensionalität der Matrix. Die Elemente der Menü- und Symbolleiste entstehen, wie im Diagrammeditor, aus der domänenspezifischen Modellierungssprache. Auf den Achsen der Matrix können Objekte hinzugefügt werden, die dann in einer Zelle miteinander verknüpft werden.

---

[41] Vgl. MetaCase /MetaEdit+ User's Guide/ 79

Symbolleiste   Matrix

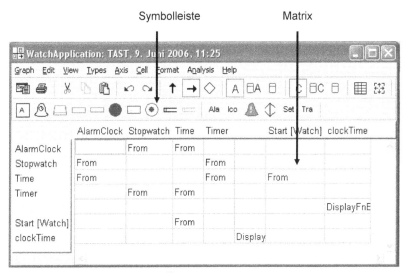

Abb. 17: Matrixeditor in MetaEdit+[42]

Der Tabelleneditor ermöglicht es, die Objekte eines Modells in einer Tabellenform darzustellen. Die Spalten charakterisieren die Properties (Eigenschaften) und die Zeilen die Objekte des Modells.

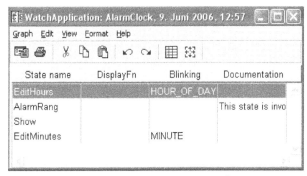

Abb. 18: Tabelleneditor in MetaEdit+[43]

---

4 Domänenspezifische Modellierung mit Microsoft Visual Studio 2005

4.1 Einführung

Microsoft Visual Studio 2005 ist neben MetaEdit+ ein weiteres Beispiel für ein Programm, das visuelle domänenspezifische Sprachen generiert.

Symbole sind wichtige Elemente visueller domänenspezifischer Sprachen. Sie sind „wahrnehmbare Zeichen, bzw. Sinnbilder für Vorgänge, Handlungen oder Gegenstände", die unsere komplexe Welt nicht mehr entbehren kann. In diesem Sinne spielen Symbole in den Domänen Religion, Kunst, Literatur, aber auch in den Naturwissenschaften eine wichtige Rolle. Charakteristisch dafür sind physikalische, chemische und mathematische Symbole. In abstrahierten Darstellungen lassen sich Symbole in der Datenverarbeitung oder Technik (z. B. Schaltzeichen) finden. Im täglichen Leben besteht eine zunehmende Diversifikation in Form von Piktogrammen und Verkehrszeichen.[44]

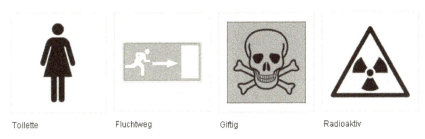

| Toilette | Fluchtweg | Giftig | Radioaktiv |

Abb. 19: Symbole aus dem Alltag

Symbole sind also Hauptbestandteile verschiedenster visueller domänenspezifischer Sprachen, die aber auch nur in ihrer eigenen Domäne eindeutige Semantik ergeben. Da ein Mensch visuell geprägt ist, dient die Visualisierung der schnelleren Erfassung komplexer Sachverhalte, indem Informationen auf wesentliche Elemente reduziert werden. Durch diese Erhöhung des Abstraktionsniveaus wird die Informationsqualität gesteigert und eine Entlastung des visuellen und kognitiven Zentrums erzeugt.

---

[44] Vgl. Brockhaus /Brockhaus in Text und Bild/

Am Beispiel der Symbole aus dem Alltag ist es leicht nachzuvollziehen, dass das Piktogramm einer Frau in der Domäne Toilette die Assoziation „Damentoilette" unschwer vermuten lässt.

Stellt man sich dagegen einen internationalen Flughafen ohne Piktogramm vor, in dem in verschiedenen Sprachen auf die „Damentoilette" verwiesen würde, wären die Missverständnisse vorprogrammiert

Microsoft hat den Trend zur Domänenspezifischen Modellierung erkannt, den MetaCase mit seinem Tool MetaEdit+ gesetzt hat. Anwender bzw. Domänenexperten brauchen für ihre spezielle Domäne, Werkzeuge, die es erlauben, domänenspezifische Sprachen und Codegeneratoren vollständig automatisch zu generieren.

Microsoft Visual Studio 2005 besitzt die Eigenschaft, mit DSL-Tools eigene visuelle domänenspezifische Sprachen zu entwerfen. Aus den domänenspezifischen Sprachen werden automatisch, so genannte Designer[45] (domänenspezifische Modellierungswerkzeuge), sowie Codegeneratoren erzeugt. Designer ermöglichen es dem Domänenexperten, Modelle zu konzipieren, die zur Erstellung von Code oder zur Dokumentation eingesetzt werden. Die prinzipiellen Anforderungen an Designer einer visuellen domänenspezifischen Sprache definieren sich über folgende Aspekte:

Abbildung der kreierten Symbole über eine Modellierungsoberfläche
Modifizierbarkeit der Eigenschaften der Symbole sowie ihre Position
Verifikation der Semantik und Syntax der verwendeten Symbole

Werden alle diese Anforderungen erfüllt, wird eine universelle Modellierungsplattform (Modeling Platform Architecture) realisiert.[46]

---

[45] Designer werden in diesem Kapitel mit domänenspezifischen Modellierungswerkzeugen gleichgesetzt.

[46] Vgl. Weber /UML/ 76

4.2 Die universelle Modellierungsplattform

Die universelle Modellierungsplattform besteht aus fünf Frameworks[47]:

Domain Model Framework

Design Surface Framework

Validation Framework

Shell Framework

Template Engine

Das Domain Model Framework ist eine Modellierungsdatenbank und stellt das Metamodell dar.

Das Design Surface Framework visualisiert die Daten des Metamodells. Objekte (Shapes) und Beziehungen (Connectors) werden zur Verfügung gestellt, die dem Bedarf angepasst werden können.

Durch den Einsatz des Validation Framework wird sichergestellt, dass die Regeln des Metamodells (Constraints), bei der Anordnung von Symbolen der Semantik und Syntax entsprechen.

Die Template Engine erzeugt Quellcode, XML oder diverse Dokumentationen.

Das Shell Framework ist für die Integration der DSL-Tools in Visual Studio 2005 zuständig.[48]

Eine universelle Modellierungsplattform dient dazu, visuelle domänenspezifische Modellierungssprachen zu entwerfen sowie die Designer zu generieren.

---

[47] Vgl. Weber /UML/ 76
[48] Vgl. Weber /UML/ 77

31

4.3 Implementierung einer Domänenspezifischen Sprache

Der Ablauf der Implementierung einer DSL in Visual Studio 2005[49]:

Die Festlegung eines Domänenmodells (Metamodell)

Die grafischen Elemente (Symbole) werden für die visuelle domänenspezifische Sprache definiert (Dekomposition).

Synthese aus dem Domänenmodell, mit der Semantik der Domäne, und den grafischen Elementen (Mapping).

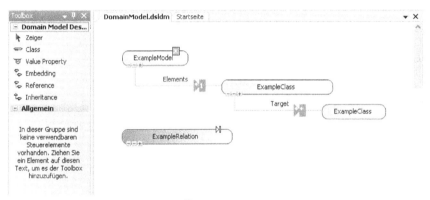

Abb. 20: Ansicht eines Domänenmodells[50]

Im Domänenmodell wird eine Aktivität mit einer Beschreibung definiert. Diese wird dann einem Zustand zugeordnet und kann durch das Validation Framework überprüft werden. Durch die DSL-Tools erfolgt die Generierung des Designers, welcher automatisch einen Code erzeugt.

---

[49] Vgl. Weber /UML/ 78
[50] Vgl. Weber /UML/ 78

5 Fazit

Die globale Nachfrage nach Software wird in den nächsten Jahren stark zunehmen. Nur durch eine erhebliche Steigerung der Leistungsfähigkeit bei der Softwareentwicklung kann die Gesamtnachfrage befriedigt werden. Mit dieser Arbeit wird eine Methode vorgestellt, die es ermöglicht, die Produktivität der Entwickler wesentlich zu erhöhen. Dabei wird der Ansatz der DSM mit seinen wichtigsten Vertretern, den MetaCASE-Tools MetaEdit+ von MetaCase und Microsoft Visual Studio 2005, untersucht. Es wird aufgezeigt, wie Qualitätssprünge in der Softwareentwicklung das Abstraktionsniveau beim Programmieren immer weiter erhöhten. Daran anknüpfend versucht die DSM, sich stärker an der Anwendungsdomäne zu orientieren. Realisiert wird dies, indem zur Problemlösung direkt die Konzepte der Domäne angewendet werden. Die Verwendung von unterstützenden Werkzeugen bei der Erstellung von DSL's, Generatoren und so genannten CASE-Tools ermöglicht den Durchbruch dieser Herangehensweise. Eine DSM-Umgebung wird durch den Einsatz von MetaCASE-Tools maßgeschneidert für einen bestimmten Problembereich entwickelt. Das hierzu erforderliche Domänenfachwissen muss auf der Unternehmensseite in Form von Humankapital bereitgestellt werden. Basierend auf der Terminologie der Domäne, kann aus einer „High-End-Spezifikation" automatisch vollständiger Code generiert werden.

Aus der Praxis ist bekannt, dass durch DSM:

die Produktivität gesteigert,
die Entwicklungskosten reduziert
und die Produktqualität

erhöht wird.

Diesen unübersehbaren Vorteilen stehen aber auch einige Nachteile gegenüber. Diese lassen sich wie folgt beschreiben:

Grafische Darstellungen sind nicht zwangsläufig besser als textuelle. Die Interpretation eines Bildes enthält einen gewissen subjektiven Aspekt. Die Erstellung von Werkzeugen für visuelle Sprachen stellt hohe Anforderungen an den Domänenexperten.

Das Hauptproblem bei der Entwicklung einer DSM-Umgebung liegt weniger im technischen Bereich als im notwendigen Prozess der Abstraktion. Der Schlüssel liegt in der Fachkompetenz der Domänenexperten. Diese müssen die Möglichkeit erhalten, ihr Wissen als Fertigkeit so zu kapseln, dass andere es anwenden können.

Bei wachsender Akzeptanz des zukunftsweisenden Ansatzes DSM wird eine Industrialisierung der Softwareentwicklung erfolgen. Die in dieser Arbeit vorgestellten MetaCASE-Tools, Microsoft Visual Studio 2005 und MetaEdit+, legen hierfür den Grundstein.

Literaturverzeichnis

Brockhaus /Brockhaus in Text und Bild/
Bibliographisches Institut & F.A. Brockhaus AG. PC-Bibliothek. 2002.

Greenfield, Short /Software Factories/
J. Greenfield, K. Short: Software Factories - Assembling Applications with Patterns,
Models, Frameworks and Tools. Indianapolis 2004.

Isazadeh, Lamb /MetaCase Tools/
Hosein Isazadeh, David Alex Lamb: Case Environments and MetaCase Tools.
http://www.cs.queensu.ca/TechReports/Reports/1997-403.pdf
Abruf: 2006-06-25.

Kelly /Modellierung mit MetaEdit+/
S. Kelly: Domänenspezifische Modellierung mit MetaEdit+. In:
OBJEKTspektrum. 2005-01, S. 1-5.

Maslow /The Unpublished Papers/
Abraham Maslow: The unpublished papers of Abraham Maslow. USA 1996.

MetaCase /MetaCase Technology/
MetaCase: ABC to Metacase Technology.
http://www.metacase.com/papers/ABC_to_metaCASE.pdf
Abruf: 2006-06-25.

MetaCase /MetaEdit+ Evaluation Tutorial/
MetaCase: Evaluation Tutorial 4.0.
http://www.metacase.com/support/40/manuals/eval40sr2a4.pdf
Abruf: 2006-06-25.

MetaCase /MetaEdit+ User's Guide/

MetaCase: MetaEdit+ Users Guide 4.0.

http://www.metacase.com/support/40/manuals/mep40sr2a4.pdf

Abruf: 2006-06-25.

Stahl, Völter /Modellgetriebene Softwareentwicklung/

T. Stahl, M. Völter: Modellgetriebene Softwareentwicklung - Techniken, Engineering,

Management. Heidelberg 2005.

Tolvanen /Domänenspezifische Modellierung/

J.-P. Tolvanen, S. Kelly: Domänenspezifische Modellierung. In: OBJEKTspektrum.

2004-04, S. 30-35.

Tolvanen /Domänenspezifische Modellierung - Praxisbeispiele/

J.-P. Tolvanen, S. Kelly: Domänenspezifische Modellierung - Beispiele aus der

Praxis. In: OBJEKTspektrum. 2006-03, S. 22-28.

Weber /UML/

Thorsten Weber: Von Uml zu Liebesbriefen: Microsofts Modellierungswerkzeuge in

„Visual Studio 2005".

In: OBJEKTspektrum. 2006-01, S. 74-79.

www.ingramcontent.com/pod-product-compliance
Lightning Source LLC
La Vergne TN
LVHW092347060326
832902LV00008B/864